LILIANA IACOCCA   MICHELE IACOCCA

Eu & os outros

Melhorando as relações

Eu & os outros – Melhorando as relações
© Liliana e Michele Iacocca, 1997

Gerente editorial	Fabricio Waltrick
Editora	Lenice Bueno da Silva/ Lavínia Fávero
Editora assistente	Elza Mendes
Estagiária	Luciane Massago Yasawa
Coordenadora de revisão	Ivany Picasso Batista
Revisoras	Cátia de Almeida/ Rita Costa

Arte
Projeto de capa	Vinicius Rossignol Felipe
Coordenadora de arte	Soraia Scarpa
Editoração eletrônica	Marlene Takemoto
Estagiária	Daniela Sumyk

CIP-BRASIL. CATALOGAÇÃO NA PUBLICAÇÃO
SINDICATO NACIONAL DOS EDITORES DE LIVROS, RJ

I12e
7.ed.

Iacocca, Liliana, 1947-2004
  Eu & os outros : melhorando as relações / Liliana Iacocca ; ilustração Michele Iacocca. – 7. ed. – São Paulo: Ática, 2013.
  48 p.: il.; 28 cm. – (Pé no Chão)

  ISBN 978-85-08-16617-6

  1. Convivência - Literatura infantojuvenil. 2. Ética – Literatura infantojuvenil. 3. Relações humanas – Literatura infantojuvenil. 4. Ficção infantojuvenil brasileira. I. Iacocca, Michele, 1942-. II. Título. III. Série.

13-03843
CDD 028.5
CDU 087.5

ISBN 978 85 08 16617-6 (aluno)
ISBN 978 85 08 16618-3 (professor)
Código da obra CL 737332

2020
7ª edição
10ª impressão
Impressão e acabamento: Gráfica Elyon

Todos os direitos reservados pela Editora Ática, 1998
Av. Otaviano Alves de Lima, 4400 – CEP 02909-900 – São Paulo, SP
Atendimento ao cliente: 4003-3061 – atendimento@atica.com.br
www.atica.com.br

IMPORTANTE: Ao comprar um livro, você remunera e reconhece o trabalho do autor e o de muitos outros profissionais envolvidos na produção editorial e na comercialização das obras: editores, revisores, diagramadores, ilustradores, gráficos, divulgadores, distribuidores, livreiros, entre outros. Ajude-nos a combater a cópia ilegal! Ela gera desemprego, prejudica a difusão da cultura e encarece os livros que você compra.

Com quem você se parece?

Com quem você se parece?

Com este garoto que acha que os outros sempre o culpam de tudo?

Com quem vive culpando os outros?

Com filhos que responder grosseiramen para os pais

Com um pai que está sempre ocupado e nunca responde ao que os filhos perguntam?

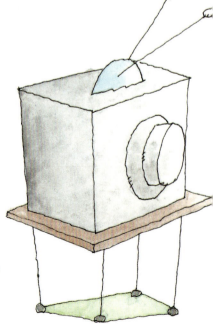

Com estes amigos que almoçam e jantam vendo TV?

4

Com quem você se parece?

Com este motorista que dirige xingando todo mundo?

Com quem tem o hábito de jogar na rua palitos de sorvetes, papel amassado, latas de refrigerantes...?

Com uma professora que adora dar bronca nos alunos?

Com quem sempre dá um jeito de furar a fila?

Com este vizinho que nunca cumprimenta ninguém?

Com este aluno que faz micagens e gracinhas só para fazer bagunça?

Com esta turma que resolve tudo na base de tapas, socos e pontapés?

Com quem você se parece?

Com pessoas que não sabem se portar à mesa?

Com quem sempre liga o som no volume mais alto?

Com a madrasta da Branca de Neve?

Com este irmão que xereteia as coisas da irmã?

Com o pedestre que não respeita a faixa para atravessar a rua?

Com este grupo que faz baderna no ônibus?

Com quem você se parece?

Com este filho que não
ajuda a fazer
nada na própria casa?

Com esta filha que espalha suas roupas e objetos
pela casa inteira?

Com alguém que usa
termos racistas e
preconceituosos
quando se refere
às pessoas?

Com uma pessoa
ranheta?

Com alguém
que arrota de
propósito e
diz que foi sem
querer?

Com quem vive pedindo coisas emprestadas?

10

Com quem faz dos outros seus empregados?

Com quem não respeita a Natureza?

Com um estudante que goza os colegas e professores desenhando suas caricaturas?

Com quem vive batendo com força as portas por onde passa?

Com quem odeia tomar banho e escovar os dentes?

Com este aluno que não para quieto um minuto e fala pelos cotovelos?

Com quem você se parece?

Com quem, quando fica com raiva, tem chilique e joga tudo para o alto?

Com o fumante que não respeita o espaço dos outros?

  Com quem inventa coisas sobre os colegas?

Com alguém metido a machão e que desrespeita as garotas?

Com este homem que cospe na rua?

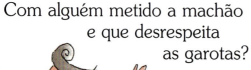

Com os alunos desta classe, que deixam a professora de cabelo em pé?

Cada situação, hein?

Muitas são tão comuns em nosso cotidiano que até passam despercebidas. Mas às vezes algumas atitudes podem nos prejudicar... ou prejudicar outras pessoas.

Vale a pena parar para pensar nelas?

Vale a pena refletir sobre a maneira como nos comportamos?

Todo mundo tem qualidades e defeitos. Mas quase nunca se erra de propósito: não há ninguém que goste de ser considerado mal-educado, indisciplinado, intolerante, preconceituoso...

Quando a gente está sozinho, tudo parece fácil. Mas na hora de nos relacionarmos — com pessoas da família, da escola, com os amigos — já não é tão fácil assim.

As diferentes maneiras de ser, a cultura e a situação econômica de cada um, as necessidades e as regras estabelecidas nos diferentes lugares que frequentamos e até as leis do país, tudo isso entra em jogo quando nos relacionamos com outras pessoas.

Afinal...

... qual é a melhor maneira de se relacionar com os outros?

... qual é a melhor maneira de conviver com o universo ao redor?

Olhando para si mesmo?

Olhando para os outros?

Olhando para tudo que existe?

Vale a pena se perguntar!

As relações humanas
uma preocupação antiga

Desde os primórdios da humanidade,
quando tudo no mundo parecia misterioso e ameaçador,
o homem sentiu necessidade de conviver e de
se relacionar com seus semelhantes.
Procurar alimentos, enfrentar os perigos, defender-se
das ameaças, construir habitações eram atos coletivos.

E essa convivência fez com que surgissem costumes, regras de comportamento, rituais, enfim, maneiras de viver que estivessem de acordo com as necessidades de cada grupo e com as características físicas e geográficas do lugar habitado.

E assim foi através dos séculos, nos povoados, nas aldeias, nas cidades, até chegar nas grandes metrópoles dos dias de hoje. O modo de se vestir, a maneira de se alimentar, a educação das crianças, os meios de comunicação, a arquitetura e a maior parte dos usos e costumes foram passando por transformações no decorrer dos vários períodos históricos.

No entanto, sempre existiu o desejo de se buscar
verdades que pudessem trazer uma vida melhor
e um convívio harmonioso entre as pessoas.
E, assim, os valores essenciais das relações humanas
sobreviveram ao tempo, às fronteiras, às formas de ser
e de agir, à cultura dos diversos povos. E têm sido
uma preocupação do homem desde
o começo da sua existência.

Filósofos, pensadores, humanistas, místicos, escritores e artistas deixaram palavras de conhecimento e sabedoria para a humanidade.

Busquem sua felicidade na felicidade de todos.
Zaratustra (profeta iraniano, século VII a.C.)

Jamais interferir na natureza e deixar que ela siga seu curso.
Lao Tsé (filósofo chinês, século VI a.C.)

Amizade é uma igualdade harmoniosa.
Pitágoras (matemático e filósofo grego, 582-546 a.C.)

A mais bela obra humana é ser útil ao próximo.
Sófocles (teatrólogo grego, 496-407 a.C.)

Buscando o bem dos nossos semelhantes encontramos o nosso.
Platão (filósofo grego, 427-347 a.C.)

Quem ama seu irmão permanece na luz e não se expõe a tropeçar.
Frase bíblica (1Jo 2,10)

Nunca a riqueza põe o homem em tal altura que não precise de um amigo.
Sêneca (filósofo latino, 4 a.C.-65 d.C.)

Ama a teu próximo como a ti mesmo.
Jesus Cristo

Onde houver discórdia, que eu leve a união.
São Francisco de Assis (italiano fundador da ordem franciscana, 1182-1226)

Quanto maior é o homem mais profundo é seu amor.
Leonardo da Vinci (artista italiano, 1452-1519)

Para conseguir o que queiras,
te valerá mais o sorriso que a espada.
William Shakespeare (dramaturgo inglês, 1564-1616)

A maior sabedoria é conhecer a si mesmo.
Galileu Galilei (astrônomo italiano, 1564-1642)

É preciso não criar na juventude o temor pelos atos virtuosos.
Molière (dramaturgo francês, 1622-1673)

Não podem todos os cidadãos ser igualmente poderosos, mas podem todos ser igualmente bons.
Voltaire (escritor francês, 1694-1778)

A verdade é a parte essencial do caráter do homem; assim, a formação da verdade é um ponto capital da educação.
Kant (filósofo alemão, 1724-1804)

A conduta é um espelho no qual cada um mostra sua própria imagem.
Goethe (escritor alemão, 1749-1832)

Seja uma pessoa e trate os outros como pessoa.
Friedrich Hegel (filósofo alemão, 1770-1831)

A firme e profunda amizade não existe sem a ternura.
Honoré de Balzac (escritor francês, 1799-1850)

A bondade nada sabe de cores, credos ou raças.
Todos os homens nascem iguais.
Abraham Lincoln (presidente norte-americano, 1809-1865)

Os amigos são presentes que damos a nós mesmos.
R. L. Stevenson (escritor escocês, 1850-1894)

Pelo tamanho da resposta que deres a quem te ofenda saberás o tamanho da verdade que existe na ofensa.
Mahatma Gandhi (líder nacionalista indiano, 1869-1948)

O nosso amigo é a nossa exigência satisfeita.
Gibran Kahlil Gibran (escritor e pensador libanês, 1883-1931)

Devemos ser parentes de todos os seres e de todas as coisas.
Provérbio indígena Sioux

A colheita é comum, mas o capinar é sozinho.
João Guimarães Rosa (escritor brasileiro, 1908-1967)

Eu tenho o sonho de ver um dia meus quatro filhos vivendo numa nação em que não sejam julgados pela cor de sua pele, mas pelo seu caráter.
Martin Luther King, Jr. (líder da integração racial norte-americana, 1929-1968)

Ser desvalido não significa apenas não ter um teto sobre a cabeça; porém não ter também quem nos compreenda, quem nos ame.
Madre Teresa de Calcutá (religiosa indiana, 1910-1997)

A criança precisa de amor e compreensão para o desenvolvimento pleno e harmonioso de sua personalidade.
Declaração dos Direitos da Criança (ONU, 1959)

Bodhidharma, nascido em Sri Lanka uns quinhentos anos depois de Jesus Cristo, era o terceiro filho do rei dessa região indiana. Aos oito anos de idade podia-se afirmar que ele já tinha a iluminação. Eis aqui por quê:

Um dia, seu mestre, um monge muito ilustre chamado Hannya Tara, recebeu do rei uma pedra de valor inestimável.

O mestre perguntou aos três príncipes:

— Conheceis alguma coisa mais valiosa do que esta pedra em nosso mundo?

O príncipe mais velho respondeu:

— Somente vós, mestre, recebestes esse presente; estais de posse do mais belo tesouro da Terra.

O segundo príncipe respondeu igualmente:

— Ainda que busquemos, toda a nossa vida, não poderemos encontrar em nosso mundo uma pedra que se lhe compare.

Bodhidharma, que tinha então oito anos, disse por sua vez:

— É um verdadeiro tesouro, um tesouro inestimável, mas é um tesouro deste mundo, um tesouro vulgar. Por isso mesmo penso que a nossa verdadeira sabedoria tem grande valor. Compreender o valor desse tesouro é igualmente uma forma de sabedoria; não obstante, tal sabedoria carece de profundidade; compreender que o diamante é uma pedra preciosíssima, de valor muito maior que um caco de vidro, é sabedoria social.

E Bodhidharma rematou:

— A verdadeira sabedoria consiste em compreender-nos a nós mesmos.

"O verdadeiro tesouro". Conto de tradição zen, adaptado de *A Tigela e o Bastão*, 120 contos narrados pelo mestre Taisen Deshimaru. São Paulo, Editora Pensamento.

Krishna desejava testar a sabedoria e o conhecimento de dois reis. Um deles era Duryodhana, famoso por seu egoísmo e avareza, o terror dos seus súditos. O outro, Dharmaraja, conhecido por sua generosidade e justiça. Chamou-os à sua presença e disse:

— Duryodhana, quero que viaje pelo mundo e encontre para mim um ser humano realmente bom.

Duryodhana iniciou sua busca. Conheceu os quatro cantos do mundo, conversou com gente de todas as raças e credos e depois de muitos anos voltou a procurar Krishna. Diante de Krishna, disse:

— Senhor, fiz conforme pedistes. Procurei em vão um homem realmente bom. Não existe tal ser. Todos são egoístas e maus.

Krishna agradeceu e dispensou-o. Chamou Dharmaraja e disse:

— Quero que percorra o mundo e traga para mim um homem realmente bom.

Dharmaraja obedeceu e depois de buscar por muitos anos retornou ao palácio de Krishna. Inquirido sobre o homem realmente bom, respondeu:

— Senhor, encontrei pessoas desorientadas, confusas, que agiam às cegas. Mas em lugar nenhum encontrei pessoas totalmente más. Todos são bons de coração, apesar de suas falhas e deficiências.

História de tradição hindu.
Retirado de *Aulas de transformação
– O programa de educação em valores humanos*,
de Marilu Martinelli.
São Paulo, Editora Fundação Peirópolis.

Sadi de Xiraz conta esta história sobre si mesmo:
"Quando criança eu era um menino piedoso, fervoroso nas minhas orações e na minha devoção.

Certa noite, estava de vigília com meu pai, com o santo Corão no colo. A certa altura, aqueles que nos acompanharam começaram a cochilar, e logo dormiam profundamente.

Eu então disse a meu pai:

— Nenhum desses dorminhocos abre os olhos ou ergue a cabeça para recitar as orações. Parece que estão todos mortos.

Mas meu pai respondeu:

— Meu querido filho, eu preferiria que você estivesse dormindo como eles em vez de estar aqui maldizendo-os".

História de tradição sufista (islamismo).
Retirado de *Histórias da alma, histórias do coração*,
de Cristina Feldman e Jack Kornfield.
São Paulo, Editora Pioneira.

O que vier a acontecer com a Terra recairá sobre os filhos da Terra. Não foi o homem quem fez o tecido da vida. Ele é simplesmente um de seus fios. O que quer que faça ao tecido estará fazendo a si mesmo.

Chefe Índio de Seattle, líder pele-vermelha da
nação Sioux — 1855.

Rabi Jocanã ben Sakai teve cinco discípulos: Eliasar, Josué, José, Simão e Eleazar. Chamou-os e perguntou-lhes:
— Dizei-me qual é o bem mais valioso que o homem possa ter.
— Um olho penetrante — disse Eliasar.
— Um amigo leal — disse Josué.
— Um bom vizinho — disse José.
— Prudência — disse Simão.
— Bom coração — disse Eleazar.
— A melhor resposta é a de Eleazar — replicou o mestre — pois um coração bondoso é o bem que abrange todos os demais.

Moisés e Davi foram escolhidos por Deus para líderes de Israel porque eles aprenderam a ter piedade dos cordeirinhos em seus rebanhos. Eram pastores e tomavam conta de animais irracionais incapazes de se defenderem. Deus disse: "Aquele que demonstra piedade aos animais irracionais há de ser compassivo e bondoso para com os homens também".

Textos retirados de *A essência do Talmud*.
Seleção de Theodore M. R. von Keler.
Rio de Janeiro, Editora Ediouro.

Com frequência, Jesus falava sobre a necessidade de demonstrarmos amor pelo nosso próximo.

Certo dia, um professor da lei judaica pediu a Jesus que lhe explicasse o queria dizer com isso.

Jesus lhe respondeu contando esta história:

— Um judeu viajava de Jerusalém para Jericó. Em um local deserto, os bandidos o atacaram e roubaram suas coisas. E o deixaram abandonado, quase morto à beira da estrada.

Um sacerdote do templo de Jerusalém passou por lá, viu o homem, mas seguiu seu caminho sem parar. Em seguida, um servidor do Templo também passou por lá, viu o homem, mas seguiu seu caminho sem parar.

Mais tarde, um samaritano, que também viajava, passou pelo local. Viu o homem e sentiu pena dele. Aproximou-se e cuidou dos seus ferimentos com vinho para desinfetá-los e com azeite para acalmar a dor. Colocou então o ferido sobre o seu jumento, levando-o para uma estalagem das proximidades.

No dia seguinte, pegou duas moedas e, entregando-as ao estalajadeiro, disse-lhe:

— Cuide bem dele, e o que você gastar a mais, na volta pagarei.

— Agora — disse Jesus — qual dessas pessoas parece ter sido o próximo daquele que caiu nas mãos dos salteadores?

Os judeus e os samaritanos se odiavam. O que aconteceu na história de Jesus era surpreendente. Mas a resposta era clara.

— O que foi bom para com ele — respondeu o professor da lei.

Disse Jesus:

— Então, vá e faça o mesmo para com o seu próximo.

"A parábola do bom samaritano".
Adaptada de *O homem que mudou o mundo*, de John Drane.
São Paulo, Editora Ática.

Um leão, cansado de tanto caçar, dormia espichado debaixo da sombra boa de uma árvore. Vieram uns ratinhos passear em cima dele e ele acordou. Todos conseguiram fugir, menos um, que o leão prendeu debaixo da pata. Tanto o ratinho pediu e implorou que o leão desistiu de esmagá-lo e deixou que fosse embora. Algum tempo depois o leão ficou preso na rede de uns caçadores. Não conseguindo se soltar, fazia a floresta inteira tremer com seus urros de raiva. Nisso apareceu o ratinho, e com seus dentes afiados roeu as cordas e soltou o leão.

Moral: Uma boa ação ganha outra.
Amigos pequenos podem ser grandes amigos.

"O leão e o ratinho". Retirado de *Fábulas de Esopo*.
Compilação de: Russell Ash e Bernard Higton. São Paulo, Editora Companhia das Letrinhas.

Vam os dois homens pela estrada
quando um Urso os atacou.
Enquanto um deles caiu,
o outro, em desabalada
fuga, numa árvore subiu.
O que ficou se fingiu
de morto. O Urso o cheirou,
mexeu, virou, revirou,
finalmente desistiu.

Depois que o Urso sumiu,
o outro, de volta, rindo,
ao amigo perguntou:
— Quando fuçou teu ouvido,
o que o Urso falou?

— Que nas horas de perigo,
se conhece o falso amigo.

"Os dois amigos e o urso".
Poema retirado de
La Fontaine — Fábulas.
Tradução de Ferreira Gullar.
Rio de Janeiro, Editora Revan.

Quantas reflexões!

　　Cada um na sua época, cada um na sua cultura, cada um do seu jeito, cada um na sua linguagem tentou demonstrar que a bondade, a amizade, o respeito, a fraternidade, a verdade e o amor são valores essenciais e estão de fato dentro de cada um de nós.
　　Mas qual a melhor maneira de desenvolver esses sentimentos e de colocá-los em prática nos nossos relacionamentos?
　　Refletindo sobre a nossa maneira de ser e de agir?
　　Mudando alguns aspectos de nosso comportamento?
　　Procurando entender os outros para nos entendermos melhor?

Vale a pena tentar!

Como você gostaria de ser?

Como você gostaria de ser?

Como você gostaria de ser?

As respostas são muitas!

Cada um respondeu de um jeito, cada um falou um pouco de si, todos se enxergaram um pouco mais.

E você, também tem sua resposta?

Ser quer dizer muitas coisas. Mas é, na verdade, o jeitinho que a gente vai adquirindo, aperfeiçoando, mudando quando necessário para viver e se relacionar melhor.

Se estivermos atentos, teremos no dia a dia a oportunidade de nos olhar, de nos descobrir, aprendendo a entender como — mesmo nos pequenos atos, num simples gesto, numa palavra agradável, em algumas gentilezas — a vida pode se tornar mais rica e os sentimentos bons crescerem em nosso coração.

É lógico que nada acontece de uma hora para outra e que, de repente, sem mais nem menos, nos vemos fazendo exatamente o que não queríamos fazer.

E daí?

Bom motivo para se experimentar de novo, arriscar, enfrentar e refletir sobre nosso próprio jeitinho de ser.

Vale a pena ser!

Convivendo

Eu comigo mesmo

Para estar bem com os outros é necessário antes estar bem consigo mesmo.

Ele é cheio de segredinhos, de vontades, de pequenas manias e milhões e milhões de detalhes, que pertencem só a ele. Que tal pensar se você está cuidando legal do seu corpo? Exercícios, banho, dentes escovados, mãos lavadinhas, roupas confortáveis, alimentação saudável e sono tranquilo é do que ele gosta. E ninguém mais do que você para gostar muito dele.

Tem hora para tudo! Hora de estudar, de brincar, de visitar os amigos, de se divertir, de ver TV, de dormir e assim por diante. Quem não tem um pouco de disciplina acaba se atrapalhando em tudo o que faz. Ou por acaso você é daquele tipo que confunde a hora de fazer as coisas e deixa todo mundo maluco, até o relógio?

— Cadê meu boné?
— E meu livro?
— Onde deixei minha mochila?
Nem precisa falar que seus objetos pessoais vivem de pernas para o ar e é sempre difícil encontrar o que você está procurando. Será que a organização é sua maior inimiga? Que tal tentar entrar num acordo com ela?

Estas são intrometidas. Aparecem sem ser chamadas e tomam conta da gente. O que fazer com as emoções? Elas chegam a atrapalhar belos momentos. É só se acostumar a deixar as tranquilas soltas, a enfrentar as raivosas e a controlar as violentas. Um verdadeiro trabalhão!

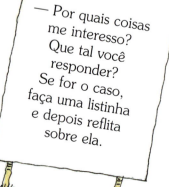

— Por quais coisas me interesso? Que tal você responder? Se for o caso, faça uma listinha e depois reflita sobre ela.

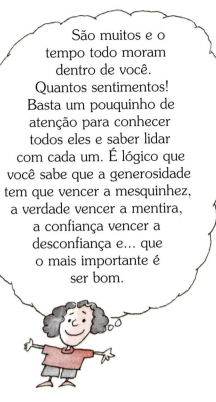

São muitos e o tempo todo moram dentro de você. Quantos sentimentos! Basta um pouquinho de atenção para conhecer todos eles e saber lidar com cada um. É lógico que você sabe que a generosidade tem que vencer a mesquinhez, a verdade vencer a mentira, a confiança vencer a desconfiança e... que o mais importante é ser bom.

De vez em quando ficamos agitados. Onde será que a tranquilidade se esconde nesses momentos? É preciso procurar!

Você vive imaginando situações, deixando as ideias passearem soltas na sua cabeça? Isso é bom! Só que não dá para viver o tempo todo com a cabeça na lua, não é?

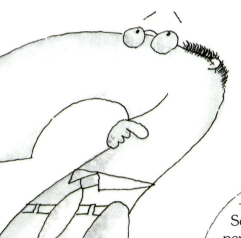

— O que fiz foi certo ou errado? Quando for necessário, vale a pena parar um pouquinho e se fazer esta pergunta.

— Como eu sou? Se você se fizer esta pergunta, vai descobrir que dentro de você existe uma vozinha misteriosa que vai responder. Pode confiar nela! É gostoso conversar com a gente mesmo.

Quem é que não tem vontades e desejos? Quando se trata de coisas possíveis, nada melhor do que se esforçar e conquistar o que se quer. Vá em frente!

Eu e os outros
Em casa

Jura que você não queria levar bronca depois que deixou toda sua roupa espalhada no banheiro, jogou a toalha ensopada na cama e saiu batendo a porta com a força de um vendaval? Jura mesmo?

Você já reparou quantas vezes por semana você se senta à mesa de mau humor, critica a comida, come de boca aberta, derrama suco na toalha e quer a todo custo arranjar uma briga? É hora de reparar e... por favor, por favor mesmo, é hora de mudar!

Você sabia que não é educado interromper os outros quando estão falando, nem se meter onde não foi chamado e viver reclamando que culpam você de tudo o que acontece de errado? Se não sabia ficou sabendo, não é?

Por que será que, toda vez que você se vê em apuros, em vez de se desculpar, você culpa os outros pelo que aconteceu? Por que será que você não muda esse seu jeito intrigantezinho de ser?

— Não tolero isso, não tolero aquilo, não tolero mais aquilo...
Enfim, você não tolera nada.
Que tal chamar a tolerância, bater um longo papo com ela e descobrir por que ela não gosta de você?
Sem conversa fiada, viu?

E os ouvidos dos outros, como ficam? Toda vez que você perde a paciência, fala aos berros, explode, joga para o alto o que tem na mão e grita palavrões sem mais nem menos. Não seria o caso de acalmar esses modos escandalosos de agir?

42

Quem aguenta quando você gruda no telefone, na frente da TV, no computador ou coloca o som altíssimo? Por acaso na sua casa não mora mais ninguém?

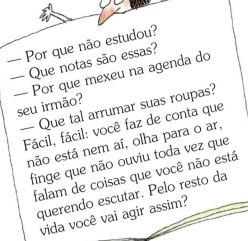

— Por que não estudou?
— Que notas são essas?
— Por que mexeu na agenda do seu irmão?
— Que tal arrumar suas roupas?
Fácil, fácil: você faz de conta que não está nem aí, olha para o ar, finge que não ouviu toda vez que falam de coisas que você não está querendo escutar. Pelo resto da vida você vai agir assim?

Será que ninguém na sua família tem nariz? Todos têm. Então por que você vive deixando o tênis cheio de chulé no meio da sala?

Você vive convidando o vizinho, o amigo ou a amiga para virem na sua casa, não é?
Eles vêm. Acontece que, ao invés de você ficar numa boa e aproveitar a companhia, o que você faz? Provoca, tenta arranjar briga, fala o que não deve, fica com ciúmes das suas coisas, se exibe e muito mais. Será que eles vão querer voltar? Você voltaria?

Pai e mãe às vezes ficam cansados, agitados, com preocupações, você sabe, nem é preciso explicar. Hora de agir!
Você então provoca até eles perderem a paciência e depois faz cara de coitado.
Que peninha de você!

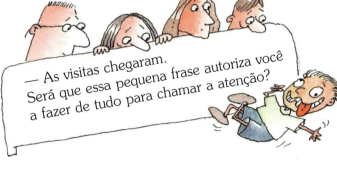

— As visitas chegaram.
Será que essa pequena frase autoriza você a fazer de tudo para chamar a atenção?

Imagine uma família em que todo mundo diz ter razão. Cada um grita sua ideia e diz estar certo. Que família exemplar!
É desse jeito que se discutem as ideias?
É necessário ter sempre razão?

Eu e os outros
Na escola

Você se lembra de quantas vezes esqueceu seu material em casa, de quantas vezes não fez seus deveres, de quantas vezes perdeu a hora? Que tal conferir?

— Dou minha palavra de que vou fazer menos bagunça! — Nunca mais vou provocar os colegas! — De hoje em diante vou prestar atenção na aula! — Juro que me responsabilizo pela minha parte!
Você vive falando frases desse tipo? Sabe que, com um pouco de esforço, não custa nada cumprir o que você prometeu. Quer apostar?

Elas não param quietas se mexem, querem sair e você não consegue segurar.
Por que será que bem na hora da aula as brincadeiras e as piadinhas ficam todas agitadas dentro de você?
Não seria o caso de dar uma bronca nelas e marcar outro horário para elas aparecerem?

Até a professora fica tonta de tanto ver você se mexendo na cadeira. A culpa é sua ou da cadeira?

Que boca independente você tem! Ela fala sem ser chamada, puxa assunto o tempo todo com os colegas, interrompe a professora, dá risadinhas sem mais nem menos... Será que uma boca independente dessas sabe responder quando pedem a opinião dela?

Você acha que não tem defeitos? Você cumpre com a sua parte, estuda, se comporta, se esforça... está certo, até aí tudo bem. Mas esse ar posudo de perfeição às vezes cansa, não cansa?

Roupa é legal. Uma roupa transada para ir passear, para ir numa festa, aos aniversários dos amigos... Enfim, se a gente gosta da roupa, a gente se sente bem. É gostoso ir à escola com uma roupa legal. Mas o que não é legal é a exibição. Você conhece algum caso em que a exibição seja legal?

Quem é que ensinou você a descobrir as dificuldades dos outros e ficar apontando os defeitos de cada um? O mais urgente possível: esqueça essa coisa horrível que você aprendeu!

O que você faz quando vê a professora esgotada, não se aguentando em pé por causa da algazarra da classe? Você faz mais balbúrdia ainda ou tenta melhorar a situação? É para responder sem desculpas, viu?

Está certo que a aula às vezes é cansativa, mas você não precisa ficar brincando de esconde-esconde com a concentração e depois ficar sem saber onde ela se escondeu. É o caso de aprender a procurar!

Quem vale mais?
O pobre ou o rico? O forte ou o fraco?
O inibido ou o desinibido?
O silencioso ou o falador?
O feio ou o bonito?
Será que na hora da convivência e da amizade isso tudo vale alguma coisa?
Vale nada!

Por que você implica com a professora, com a diretora, com os funcionários da escola?... Por que você não resolve implicar com esse seu jeito implicante?

O que você acha de uma turma que não costuma bater papo, trocar ideias, em que falta amizade, cooperação e respeito? É um deus nos acuda, não é? De que maneira algumas atitudes suas podem ajudar essa turma a se relacionar melhor e descobrir coisas novas? Você vai pensar no assunto, não vai?

— Foi ele!
— Foi ela!
— Eu sei quem foi!
Por acaso você é um dedo-duro?
Bonito, não?

Convivendo melhor

Será que você sabe que cumprimentar os outros, falar "dá licença", "por favor", "muito obrigado", "me desculpe" e outras palavras gentis revelam delicadeza e educação? Está certo que de vez em quando qualquer um se esquece, afinal ninguém é um gravador.

Você acha graça em inventar apelidos para quem quer que seja, em fazer fofoquinhas, em falar mal da vida dos outros... Como você é sem graça!

Fura filas, empurra e dá cotoveladas nos outros para passar na frente, engana o vendedor distraído, desobedece às faixas de trânsito, às placas proibitivas e às normas dos lugares aonde vai. O que você diria para esse cara de pau?

O que será que os outros pensam a seu respeito depois que você decidiu fazer da calçada, da rua, do pátio da escola, da areia da praia sua lata de lixo? É melhor nem saber a resposta!

Comece desde já a reparar: Quantas palavras preconceituosas e racistas escapam por dia da boca das pessoas?

Belo treino!
É 1, é 2, é 3, é 4, é 5, é 6, é 7, é 8, é 9, é 10... pronto!
Que tal contar até 10 antes de perder a cabeça e, com palavras ou gestos, agir agressivamente?

Como é que você cuida das coisas que pede emprestado? Do livro da biblioteca, por exemplo? Cuida bem e devolve, né?

46

Quem será que disse para aquele turista esquisito que quando ele está na cidade dos outros pode fazer tudo o que não faz na dele? Você já conheceu algum turista assim?

Goooooooool...
Que emoção!
Não seria o caso de os times evitarem os torcedores e membros da equipe que transformam essa emoção em violência e pancadaria?

Um toque na porta...
antes de entrar.
Um toque na cuca...
quando, sem mais nem menos, você se vê invadindo a privacidade dos outros.

Você conhece alguém que fica na dele mas estimula os outros para brincadeiras de mau gosto, para atos irresponsáveis, para dar uma de valentão?
Se não conhece é melhor nunca conhecer!

Quantas vezes você já cedeu seu lugar para uma pessoa mais velha, ajudou alguém a atravessar a rua, foi gentil com um mal-educado?
Tudo tem a primeira vez!

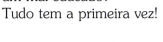

Você gostaria que seu pai e sua mãe, seus irmãos, seu avô e sua avó, seu tio e sua tia, seus primos e todos os parentes e amigos fossem exatamente como você queria que eles fossem?
Que chatice!
Você nunca iria ter surpresas se relacionando com eles.

47

As relações são cheias de surpresas, de desafios, de uma infinidade de momentos. Com elas aprendemos a nos conhecer melhor, a compreender os outros, a compartilhar certezas e dúvidas, a ser amigo e a amar, o que é mais importante de tudo.

Vale a pena se relacionar!